V

LA CHARITÉ ET LA GUERRE

(13 Septembre.)
Après la bataille de la Marne, les armées allemandes accentuent leur mouvement de retraite.

Mes Frères,

Allons-nous aujourd'hui ramer contre le flot ? Nous en sommes au plus grave moment d'une guerre gigantesque, où des deux parts les sentiments extrêmes sont en jeu ; où des vies innombrables succombent ; où des nations s'affrontent dans un choc comme l'humanité n'en a sans doute jamais vu ; nous avons besoin de toutes nos énergies, de toutes nos saintes colères amassées, pour que l'adversaire se heurte, en même temps qu'à nos épées, à notre âme : et je viens jeter dans cette Iliade le mot pâle, le mot ouaté, le mot d'une apparente faiblesse contagieuse : la Charité !

Eh bien ! oui. La charité intervient ici. J'avance le mot et j'entends proclamer la chose. Mais je serais bien inférieur à ma tâche si d'elle et de ses effets je vous laissais une impression pâle.

Gietto, à l'Aréna, pose son image légère sur un brasier.

Raphaël l'accompagne d'un génie qui porte un bassin de bronze d'où jaillissent des flammes.

Les chapiteaux de nos églises romanes la représentent comme une vierge guerrière, avec la cotte de mailles et le nasal des chevaliers, perçant de sa lance les vices.

Et ces symboles s'appliquent aux deux aspects que revêt la charité.

Amour de Dieu qui organise la vie ; qui lui donne son point de fuite ; qui l'oriente vers des fins supérieures où les fins immédiates trouvent leur suprême raison, par conséquent leur ordre, par conséquent leur stabilité et leur puissance attractive. Amour de nos frères en Dieu, qui nous met en synthèse de vie, pose les lois de nos rapports, nous organise ensemble comme notre amour du bien suprême organise chacun de nos cœurs : cela n'est pas de l'énergie diminuée. Loin de porter aux faiblesses, cela pousse vers l'héroïsme assez pour faire des saints, ces amants de Dieu et de l'homme, des victorieux sublimes ou de nobles martyrs.

Le cas de l'amour divin ne vient pas en question aujourd'hui. Je ne construis pas une thèse où chaque fragment de vérité aurait sa place, dans une patiente mosaïque. J'obéis à nos préoccupations. Et à ce point de vue, c'est l'amour du prochain qui nous pose un problème. Dans la guerre, cet amour ne va t-il pas effacer son rôle, demander qu'on l'oublie momentanément, je dis envers ceux que vise l'action belliqueuse ?

Ou bien, si l'amour veut tenir bon, serait-ce la guerre qui devrait céder, la guerre cruelle, la guerre dont le nom est horreur ; la guerre, si violemment antifraternelle ?

C'est cette dernière solution que préconisent des

mystiques sans jugement, apôtres de la « non résistance au mal », ennemis de la guerre sans distinction, comme ce génial et dangereux utopiste : Tolstoï.

Mais le dilemme fallacieux ne retiendra pas un esprit droit. A défaut de réponse verbale, son instinct lui criera : Cela est fou !

Nous écoutons ce que dit l'Évangile : *Aimez-vous !* Nous y retrouvons l'écho de l'antique précepte : *Tu aimeras ton prochain comme toi-même.* Et si nous demandons avec le pharisien : Qui est mon prochain ? nous entendons la sublime réponse qui annonce la parabole du Bon Samaritain : UN HOMME...

Un homme ! voilà le prochain. Et certes il y a de quoi troubler le cœur de la Guerre. Tous fils de Celui qui nous met sur la terre pour la cultiver ; tous attelés à ce véhicule lourd qu'il s'agit d'entraîner, demeure conjointe, vers des destinées qui nous sont à tous communes, nous ne formons qu'une famille d'immortels et de mourants : mourants selon le corps, ce qui nous rend mutuellement pitoyables ; immortels selon l'âme, ce qui nous unit à fond, puisque c'est pour jamais.

Nous sommes tout proche, ô mon prochain, comme la couvée, comme la portée, obligés à l'amour sous peine d'offense à notre Père.

Dans ces pensées conçoit-on bien le combat ?

Et si vous distinguiez entre amis et ennemis, entre justes et injustes, le Sauveur ne dit-il pas : *Aimez vos ennemis ; priez pour ceux qui vous persécutent?* N'invoque-t-il pas l'exemple du Père céleste, qui fait *lever son soleil sur les bons et sur les méchants ?*

Qu'en pensent nos sentiments exaspérés, et nos bénédictions de drapeaux et d'épées, et cet enthousiasme guerrier qui, même ici, nous gagne ?

J'étais mardi sur le flanc de nos armées ; j'ai vu nos braves, blessés en grand nombre, clochant du pied, ramenant leur bras en écharpe comme la statue d'Eschine au musée du Vatican ; arborant leur turban hydrophile, ou bien sur leur civière, et qui disaient : « On les aura quand même ! » Et quelque chose en moi répétait : On les aura ! Et quelque chose en nous tous répétera, tant qu'ils fouleront le sol français : On les aura !

Quoi donc ! Suspendons-nous les effets de l'Évangile ? Ne serions-nous des chrétiens qu'en temps de paix ? Nous le sommes tout le temps, tout au moins nous devons l'être et nous voulons l'être. Mais il faut mieux juger et essayer de tout comprendre.

***

Nous devons la charité à tous les hommes, même aux méchants, même à nos ennemis. Mais chez nos ennemis nous ne devons pas aimer leur inimitié ; chez les méchants, nous ne devons pas aimer leur méchanceté.

Et cela comporte des conséquences.

Si nos ennemis veulent comparaître au tribunal de la justice fraternelle, que nous laissons toujours ouvert : comment s'y expliqueront-ils ?

Vous voulez qu'on vous aime ? On y est tout prêt ; mais alors rendez-vous aimable ! Cela seul peut être aimé, en fin de compte, qui, d'une façon ou d'une autre, offre une prise à l'amour, et ce n'est pas l'Évangile, ni personne, qui peut demander qu'on aime ce qui serait haïssable.

Or qu'y a-t-il en vous, adversaires, qui demeure aimable en dépit de votre inimitié ? Ce n'est toujours pas votre inimitié ! Si je l'aimais, elle, je haïrais donc ma vie ; je haïrais nos familles ; je haïrais notre patrie ? Tout ce que je suis chargé de défendre, je le livrerais à vos sévices ? Ce serait par trop impie !

« Dieu a chargé chacun du soin de son prochain : *mandavit unicuique de proximo suo* » ; mais cela ne va pas sans ordre. Dieu a remis l'homme, d'abord, *aux mains de son propre conseil.* Puis il a fait de la famille *une seule chair.* Puis il a établi les nations et leur a confié à elles aussi, créatures collectives, leur âme, leur corps, c'est-à-dire leur territoire, leurs traditions, leurs intérêts légitimes, leur avenir.

L'amitié générale vient après.

Et quoique nous soyons proche, tout proche, à l'égard des fins dernières : à l'égard des fins prochaines qui en sont le chemin, nous sommes comme une armée en échelons, comme une armée et sa hiérarchie. Chaque soldat doit se prémunir, prémunir sa section, son bataillon, son régiment avant de songer au soldat pris en général.

Et puis encore, bien que nous soyons tout proche à l'égard de la nature et de la surnature qui nous sont communes, nous devenons lointains, nous devenons des antagonistes, dans la mesure où l'un de nous, homme ou peuple, s'évade coupablement hors la loi de notre unité.

Ah ! que ce serait commode si le brigand pouvait dire : Aimez-moi ! je suis un homme. Aimez-moi ! je suis un fils de Dieu, et pour moi aussi votre Christ est mort. Certes ! c'est bien pour cela que nous nous armons contre toi, homme pervers ! Nous aimons l'homme, et le fils de Dieu, et le client du Christ que tu attaques : à cause de cela nous le défendons. Nous aimons l'homme, et le Fils de Dieu, et le client éventuel du Christ que tu es, et à cause de cela nous le châtions. Vaudrait-il mieux lui ouvrir la route, pour que progresse son iniquité ?

On peut aimer en flattant, en favorisant, et l'on peut aimer aussi en frappant. A vous de déterminer, ô ennemis, non en paroles, mais par votre conduite, la façon dont vous voulez qu'on vous aime.

« Il y a une âpreté bénigne, dit saint Augustin, dont il convient d'user même à l'égard de ceux qui y résistent. Car ceux-là sont vaincus utilement pour eux-mêmes à qui l'on ôte licence de nuire. » *(Épître à Boniface)*.

***

Et puis, élargissant nos conceptions, laissant de côté s'il était possible tout souci personnel, familial, national même, et renonçant, quelque sacré qu'il soit, au combat *pro aris et focis*, il resterait, pour requérir la lutte, un client de la charité dont nul ne peut nous dissuader d'épouser la cause : la justice.

La justice est le bien commun de cette famille humaine que la terre et le ciel nous commandent d'aimer. Elle est à la fois, dans l'ordre moral, le sol qui nous porte, l'atmosphère que nous respirons, la nourriture qui nous soutient, selon le mot du Maître : *« J'ai une nourriture que vous ne connaissez pas, c'est de faire la volonté de mon Père. »*

Cette volonté de justice que le Père des Cieux

communique aux âmes droites, c'est la consistance même de l'univers moral. C'est elle qui tient ensemble, harmonieusement, tous les emboîtements de la civilisation. Tellement que là où elle cède, l'homme souffre, les institutions se disloquent, les peuples se jettent l'un contre l'autre ; comme si les astres, oubliant leurs lois de gravitation, se précipitaient hors de leurs orbites dans des chocs destructeurs, retour au chaos primitif, dont l'Esprit qui planait avait tiré le monde.

N'est-ce pas pour cela que le Seigneur, décrivant le désordre final, parlait d'étoiles qui tombent, de peuples qui combattent, et d'iniquité répandue, comme si tout cela était la même chose : injustice d'éléments, injustice de nations ou d'individus, déliement de ce qui tient tous les êtres dans le sublime esclavage qui est liberté suprême : l'harmonie.

C'est un de vos philosophes, ô Allemands, un fils de Koenigsberg qui s'écroule, qui a dit admirer deux choses : Le ciel étoilé au-dessus de nos têtes, la loi morale au-dedans de nos cœurs.

Laisserions-nous maintenant notre univers moral s'écrouler ? Laisserions-nous les « *maximes* » destructrices jouer de la sape à travers les nations ?

La loi de justice a plus d'un défenseur : jamais, je crois bien que nous pouvons l'affirmer, elle n'en a trouvé de plus valeureux et de plus décidé que la France.

Que si, tant de fois, sans nul intérêt propre, simplement pour le droit, elle s'est dressée et a risqué sa vie nationale : maintenant que tout ensemble, et sa vie nationale, et le droit, et de nobles amitiés qui s'appuient elles aussi sur le droit l'exigent, dirait-elle non au combat, sous prétexte d'une charité qui serait universellement homicide ?

*
* *

Ah ! je sais, eux aussi, nos ennemis, prétendent lutter pour la justice ! Ils rédigent des mémoires qu'ils adressent aux deux mondes. Voyez, disent-ils, nous sommes victimes ! On a voulu nous encercler ; on a voulu brimer nos amis ; on était à notre égard jaloux, haineux, précisément à cause de la valeur que nous représentons. De sorte que le droit, c'est nous qui le sommes, c'est nous qui le hissons sur nos étriers pour lui faire parcourir l'Europe.

Le droit, c'est moi ! disent les hobereaux et leur séquelle, comme Louis XIV disait abusivement, mais peut-être un peu plus noblement : « L'Etat, c'est moi ! »

Ceux qui parlent ainsi, je ne veux pas discuter leur sincérité : que Dieu juge ! et que le monde juge ! Le jugement du monde paraît sûr. Le jugement de Dieu, nul ne le détient, mais chacun le lit dans sa conscience. La nôtre a prononcé.

Nous savons que la cause du genre humain n'a pas de héros menteurs, falsificateurs, violateurs des traités, ambitieux dont les prétentions gloutonnes s'étalent dans toutes les phrases, dans tous les actes de leur diplomatie ou de leur littérature.

Nous pensons que la politique allemande, à l'heure qu'il est et pour autant qu'elle nous concerne, ce n'est ni plus ni moins que la lutte pour la vie au sens de Darwin, c'est-à-dire non la concurrence loyale, non les échanges fussent-ils d'un côté plus heureux, ni à plus forte raison l'aide mutuelle qui convient à des frères associés, mais le conflit brutal avec toute son horreur : droit du plus fort que refuse de contrôler la moralité, de tempérer la bonté, retour aux âges barbares non certes par absence de culture, mais par abus de la culture; non par rusticité des moyens, mais par immoralité des fins.

Or cela est le contraire précis de l'esprit de famille imposé par Jésus à nos rapports.

De sorte que voilà de nos frères, qui, d'eux-mêmes, coupablement et avec pertinacité, se placent en dehors du droit familial et appliquent un code adverse.

Allons-nous les renier pour cela? Non. Nous devons être frères même de ceux qui ne veulent pas être frères avec nous, et quand nous disons dans le plus large sens : *Notre Père,* bien sincèrement nous n'excluons personne.

Mais si nous ne les renions pas, nous nous croyons le devoir de les refréner, au besoin de les châtier ; de leur faire comprendre avec des faits puisqu'ils n'ont point compris les paroles, que celui qui prend l'épée périra par l'épée, et que pour faire la guerre à la guerre, comme disent nos pacifistes, il faut parfois se ruer sur le guerrier, et cela, j'insiste à l'affirmer, au nom même du sentiment familial qu'on nous prêche.

Prétendrait-on que je fais du paradoxe, et que je joue avec l'Évangile en le commentant dans le sens de nos passions? Alors, j'invoquerai une fois de plus l'Évangile, et ce sera lui, l'irréfragable, qui fera du paradoxe.

« *Si quelqu'un vient à moi, dit le Sauveur, et* « *s'il ne hait pas son père, sa mère, sa femme, ses* « *enfants, ses frères, ses sœurs, et même sa propre* « *vie, il ne peut être mon disciple.* »

Vous entendez! Il faut tout haïr de ce qui peut faire

obstacle, dans la mesure où il fait obstacle au passage nécessaire du bien. Il faut haïr jusqu'à son frère, puisqu'il faut se haïr soi-même. Et cela n'empêche aucunement qu'il ne faille aussi l'aimer. Seul l'homme irréfléchi voit là une contradiction quelconque. Nous haïssons en lui le mal ; nous haïssons le méchant comme tel, c'est-à-dire que nous haïssons en lui ceci qu'il soit méchant, ceci qu'il fasse le mal ; et nous aimons en lui l'homme, le chrétien s'il l'est, le fils de Dieu en expectative, l'héritier présomptif d'une destinée dont nous ne l'excluons pas.

Mais s'il faut pour le bien haïr jusqu'à son frère, pense donc si je te hais, Prusse brutale, qui piétines en ce moment tant de biens humains, tant de tes propres fils, tant des nôtres, héros qui courent au sacrifice, tant de richesses, tant de travail, tant d'œuvres de l'esprit, tant de siècles dont l'effort subsistait, hélas fragile, entre ces murs que tu as bombardés, sur ces toiles que tu as crevées, dans ces dentelles de pierre, ô Louvain ! ô Malines ! qui gisent parce qu'il a plu à ta botte de passer !

Quand je la hais, cette botte éperonnée du soudard, j'ai la prétention de t'aimer, toi Allemagne, comme toi-même tu ne t'aimes pas ; d'aimer ta civilisation quand tu la profanes, ta science, ton industrie que tu tournes à tuer, ton art qui brille, et auquel, faut-il bien le dire ? nous ne pouvons plus penser !

Pardon, ô Beethoven ! Pardon, ô neuf filles immortelles du géant jamais égalé ! Pardon Gœthe ! Pardon Schiller ! Pardon Wagner ! Est-ce ma faute si un voile de sang vous couvre, et si je parais vous répudier en me détournant avec horreur de l'œuvre impie qu'ont perpétrée vos descendants ?

Cette guerre, a dit un homme d'État anglais, est le plus grand crime des temps modernes. C'est vrai. Alors, nous voulons le châtier, ce crime, non pas pour l'imiter en rendant mal pour mal ; non pas pour satisfaire en nous l'appétit de rancunes cruelles ; mais pour rétablir l'ordre ; pour affirmer le droit ; pour écrire avec du sang, s'il le faut, ne l'ayant pu dans de la lumière, ne l'ayant pu dans des cœurs de frères, les maximes tutélaires des nations.

Faisant ainsi nous aimerons, quoi qu'en pensent des douceurs poltronnes. Nous aimerons comme il faut, selon le bien, non en débridant le mal ; virilement, non lâchement, non en esclaves. Nous aimerons comme des frères indignés, non comme des frères complices.

II

Il faudra seulement nous souvenir que ces motifs de l'action belliqueuse lui imposent ses modalités. La charité respectée dans les fins, devra l'être dans les moyens.

Ne luttant point par haine, il ne faut pas lutter avec haine. Ne luttant point par cruauté, il faut bannir les cruautés. Les sentiments, les faits : tels seront donc les deux domaines à surveiller pour que ne s'avilisse point notre cœur.

Quand je parle de sentiments, je n'entends pas exclure la passion. Que ferait-on à la guerre sans passion ! C'est un de nos maîtres, Augustin, qui a dit : « Sans passion on ne peut bien vivre » (*Cité de Dieu*, XIV, 4), et Chrysostome : « Sans la colère, ni les jugements ne s'exécuteraient, ni les crimes ne seraient empêchés. »

La passion est une force ; elle est le ressort dont la détente renverse l'obstacle, alors que la raison lui a dit simplement : Tu tomberas !

La raison seule, ce serait la hausse du 75 sans la poudre. Gardons la charge; mais après cela n'oublions pas le frein.

On nous a dit que nos soldats de la frontière avaient de la peine à dompter leur ardeur ; que leurs officiers, pour obéir aux ordres, les tenaient en laisse comme des dogues bondissants. Plus d'une témérité, plus d'une perte inutile seraient résultées de cet état d'âme héroïque.

Pour notre cœur, quelque chose de semblable a menacé. On nous a provoqués : nous partons ! tout fuse en nous ! tous nos sentiments sont dehors, agresseurs ! L'excès, l'oubli de soi-même dans la vindicte sont à craindre. Il convient donc au gouvernement intérieur, à l'officier de l'âme de retenir les soldats irrités.

Pas de sentiments mauvais ! pas de ces représailles en esprit qui salissent la conscience et l'abaissent. Si notre ennemi est coupable, ne le devenons pas avec lui. Ce serait, selon l'expression de saint Pierre, être vaincu par le mal, au lieu de le vaincre par le bien.

Fraternité indignée, disions-nous. Bien ! mais que l'indignation légitime ne nous fasse pas oublier la fraternité.

Revanche, oui ; vengeance, non. Vous saisissez la différence. La revanche, c'est le retour du droit procuré par l'effort valeureux. La vengeance, ce serait la souffrance d'autrui désirée pour elle-même, par un sentiment bas, et cela, ce serait une défaite morale entachant la victoire.

Serait-ce d'ailleurs une utilité ? J'en doute. La force n'est pas dans les rancunes, mais dans les magnanimités. Le cœur du lion, non la rage basse de l'hyène ! La haine aveugle n'égale pas en valeur guerrière la claire intervention du droit, parce que le droit, sûr de lui-même, est jusqu'au bout égal à soi, au lieu de s'user par sa violence.

En tout cas, le droit, tout le droit comprend pour nous l'amour, puisque l'amour est le fond du code évangélique. N'oublions donc pas l'amour, même au travers des justes sévices.

***

Dans les actes guerriers, je n'ai pas à déterminer longuement ce qu'exige la loi de charité. Cela se dit d'un mot : s'en tenir au nécessaire. On ne fait pas la guerre avec des fleurs jetées. On frappe. Il faut frapper. Mais ce qui ne mène pas au but, ou ce qui n'est pas en proportion avec lui, marquant une pure inhumanité, cela doit être ignoré de nos colères ; cela ne convient pas au héros.

Arrière les balles dum-dum, les épées barbelées, les blessés qu'on achève, les convois d'ambulances qu'on fusille, les hôpitaux qu'on bombarde, les prisonniers qu'on maltraite, les civils qu'on prend pour bouclier, les cités qu'on rançonne, les villages qu'on brûle, tous procédés qui font de la guerre, au lieu d'un acte humain justifié, une ruée de forces brutes que l'esprit ne contrôle plus.

Si tel des nôtres ou de nos alliés se laissait aller ici ou là à de telles violations, il faudrait le désavouer.

Nous le devrions. Le fait de les avoir subies n'excuse pas ces horreurs. Soyons nous-mêmes et non pas ces autres ; soyons chrétiens et français. Nous serons d'autant plus forts pour dénoncer au monde civilisé une conception de la guerre qui l'exclut de l'ordre humain et qui en exclura, s'ils y persévèrent, ses défenseurs et ses protagonistes brutaux.

S'il est permis de rêver, en ce moment, à l'heureuse conclusion d'un horrible drame, je dirai que l'idéal de l'action militaire, comme de nos sentiments, ce serait que la fin des luttes, quelque éloignée qu'elle soit, pût nous retrouver frères : frères comme nous devons l'être, à l'état normal ; comme nous l'eussions été, si des violences et des injustices séculaires n'avaient créé entre nous de fatales haines.

Il faudrait que, dans la guerre, une telle grandeur morale se prouvât, de telles vertus se fissent jour, qu'une estime réciproque en naquît ; que la violation initiale du droit en pût être oubliée d'un côté, noblement réparée de l'autre ; que la paix des cœurs devînt ainsi possible, au lieu d'un traité maussade ou extorqué ; que la charité *catholique,* c'est-à-dire universelle, pût retrouver son empire imparfait toujours, mais du moins stable, et que sur le terrain si atrocement ensanglanté, tant de peuples combattants puissent consentir au geste que leur suggère prématurément, hélas ! lui-même le sait, notre père douloureux, Benoît XV.

Ah ! pauvre Père commun ! quelle espérance fragile est la vôtre ! et quel triste cadeau d'avènement elle vous fait !

Votre prédécesseur est parti, comme vous êtes venu, au milieu de ce cliquetis qui contraste si violemment avec votre mission et la sienne.

On dit qu'il en est mort !

La secousse épouvantable l'ébranla jusqu'aux sources de la vie. Cette faible vie ruinée par tant de travaux et de soucis ne put résister à un coup de tonnerre qui pourtant ne le frappait point, lui le paisible.

Il en fut comme de ces soldats qu'on trouve morts au fond des tranchées, au port d'armes, sans que rien les ait touchés. Un de nos obus a éclaté trop près d'eux, et ils n'ont plus entendu que la grande voix, celle que nulle surdité n'arrête.

Quand le vieillard blanc vit tout ce rouge, qui menaçait de changer en sang toutes les eaux du globe, comme lors des plaies d'Égypte ; qui envahissaient non le Tibre encore, mais le fleuve Océan dont il est le nautonier, son propre sang reflua vers son cœur malade, et il s'endormit en disant : Guerre !... Paix !...

Son dernier acte avait été de demander des prières pour que le fléau fût court. Puissent les prières qu'on fait pour lui hâter la réalisation de son vœu !

Mais, vous ne voudriez pas, Père, ni vous, Père après lui, que ce fût aux dépens de la justice !

La justice est gardienne de la charité.

Quand nous aurons le droit, tout le droit, nous sommes prêts à l'oubli pour le passé, et à la réconciliation pour le présent, et, pour l'avenir, à l'unité dans le Christ, avec toute la famille humaine.

Nous savons que les nations, comme les individus, comme les groupes, sans perdre leur autonomie nécessaire, ne font plus en Jésus qu'un seul corps ; que le Paraclet, à la Pentecôte, tout en gardant à chacun son idiome, parlait à tous la langue de l'amour, et que, nous dit l'Apôtre, nous ne sommes qu'un seul pain, malgré la multitude des grains, nous tous qui participons au même pain et au même calice du Christ.

www.ingramcontent.com/pod-product-compliance
Lightning Source LLC
LaVergne TN
LVHW021711230826
846092LV00002BA/960

* 9 7 8 2 3 2 9 6 2 2 9 2 7 *